Alexandra Peters

SEELENTANZ

© 2024 Alexandra Peters

Illustration: **Alexandra Peters**

Herstellung und Verlag:
BoD – Books on Demand, Norderstedt

*ISBN: 978-3-7597-**3585-0***

INHALT

NIMM ALLES!

9

Greife nach den hellen Sternen
Und frage nicht
Warum sie so weit oben sind

Greife nach dem tiefen Gefühl
Und frage nicht
Wieso er erst jetzt kommen kann

Greife nach der großen Liebe
Und frage nicht
Warum sie Dich verlassen hat

Greife nach den schönen Träumen
Und frage nicht
Was Morgen due Realität bringt

Greife nach der einen Hand
Und frage nicht
Wieso sie Dir beim Aufstehen hilft

Greife nach dem wahren Menschen
Und frage nicht
Wo er bisher verloren war

NIMM ALLES!
Die Sterne, das Gefühl, die Liebe
Die Träume, die Hände, den Menschen
Und versuche zu LEBEN

LOVE

Abschied

Brauche kein Wort
Nur Dein Atem
Berührt meine Küsse ...

Deine Hände brennen
Durch mich
In stillen Seitengassen ...

Flammen schlagen hoch
Stück für Stück
Brennt meine Sehnsucht ...

Im feuchten Laken
Trenne ich mich
Von unserer Wirklichkeit ...

Gefühle
Sehnsucht
Verlangen
Liebe
Hier

Die parallele Welt

In einer anderen Welt …
in der es noch keine Verbote gibt
in der die Zitrone nach Orange schmeckt
und meine Sonne nur nachts scheint
da wo die Sehnsucht auch gelebt wird
habe ich ein neues Zuhause gefunden
mit Wohnrecht auf Lebenszeit …

In einer anderen Welt …
wo es die prickelnde Gier noch gibt
in der die Sinne noch rauschen
wohne ich in der zweiten Etage
rechts ist das Verlangen meine Nachbarin
links nebenan wohnen die Gefühle
Ausschau haltend nach der Berührung meiner Seele

In einer anderen Welt …
gibt es keinen üblichen Alltag mehr
und auch keine normalen Grenzen …
Was ist wahr, real und greifbar
wird die Liebeslust diesmal neu definiert?
Ist alles neu … sogar der Herzschlag anders?
Oder alles nur ein Glücksspiel unserer Illusionen

Die Zeit …

Wie lässt sich die Zeit anhalten?
Sekunden und Minuten sollten stehen
Alles in Bewegung
Gedanken schweben durch die Luft.

Ich will spüren was Du denkst
wenn Deine Lippen mit leichtem Flügelschlag
auf meine Gleiten, ohne zu wissen warum
Halt diesen Augenblick sofort an …

Von Kopf bis Fuß keine Ruhe mehr
der Kampf unserer Gedanken treibt uns
bewegt uns immer weiter
in dem heißen Wahn unserer Liebe.

Fange mich auf, wenn ich mich verliere
meine Gefühle räkeln sich genüsslich
in der Freiheit der noch offenen Nacht
das Spiel der Sehnsucht, braucht Atempause …

Die Melodie Deines Gefühls
beherrscht mich … nach Deinem Willen
wir sind Partner der Leidenschaft
und auch Könige der Lust.

Im Wirbel der Zeit, dreht sich alles
halt mich fest, in Deinen Armen
mit der mächtigen Begierde
Deiner grenzenlosen Sehnsucht …

Der Kuss …

Das Ungeduldige Warten
Der Abschied von Gestern
Das Hallo für Heute
Träume schlagen Wellen
im Tanz der Gefühle
im Rausch der Zeit

Das Berühren der Lippen
Das Finden der Seelen
Das Treffen der Herzen
zaubert Tränen und Verlangen
vergräbt unerfüllte Sehnsucht
im Rausch der Zeit …

Das unschuldige Spiel
Deiner Lippen … auf meinen
Das Hoffen der Liebe
Das Fühlen der Wünsche
lässt uns die Zeit vergessen
im Tanz der Gefühle …

Der Kuss …
Das Erfüllen der Gier
Das Zucken der Zungen
Die Freude der Lüste
in gespannter Erwartung
so fein wie das Netz einer Spinne
Im Rausch der Zeit …

Der Mann ... der zweimal klingelt

Du solltest mich besuchen
und zweimal klingeln ... wie besprochen
weil ich Dir
einen Blick ... schuldig geblieben bin
einen Blick ... der Dich zittern lässt

Du solltest kommen
und zweimal klingeln ... wie besprochen
weil ich Dir
einen Atemzug und ... einen Traum schulde
eine blinde Erinnerung und eine Hoffnung
die vielleicht nie ... erfüllt wird

Du solltest mich besuchen
und zweimal klingeln ... wie besprochen
weil ich
noch eine Antwort ... für Dich habe
die ich selbst noch suchen muss
ich denke ... noch über alles nach ...

Das Elixier

Von Sehnsucht getragene Worte
Führen meine Gedanken wieder zu Dir
Für wie lange darfst Du diesmal bleiben?

Was nützen all die gierigen Phantasien,
wenn der Genuss unseres Abendteuers
düster schwer und bitter schmeckt?

Wie viele Worte darf ich heute haben
In denen ich mich durch die endlosen Weiten
Deiner Gefühle noch mitreissen darf?

Die Seele ruft nicht nach Dir
Aber nach Deinen berauschendn Worten
Dem heimlichen Elixier meiner geheimen Träume …

May 2024
1 2 3 4
5 6 7 8 9 10 11
12 13 14 15 16 17 18
19 20 21 22 23 24 25
26 27 28 29 30 31

22

3000 Tage … Verloren

Keine Spur von Dir …
Den Kopf auf dem Tisch
Mit blutigen Lippen und leuchtenden Augen
Warte ich bereits 3000 Tage
Auf den gewagten Dichter - unserer Liebe
Auf den mutigen Maler - unserer Worte

Mit dem warmen Echo eines Kusses
Lächelt Dich mein Blick an …
Langsam und lautlos
Klopft nach 3000 Tagen
Meine Sehnsucht an Dein Fenster

Es war meine Welt …
Die Zärtlichkeit meiner Seele
Wollte Dich und keinen anderen
Vergiss alles, erinnere Dich
Nur noch an mich

Wir werden weiter mit Worten … kämpfen
Wir sind fallende Engel,
Auf der Suche …
Nach unserer eigenen Welt

Auf die nächsten 3000 Tage

Besuch

Besuche meine Gedanken und meine linke Herzkammer
(tief innen bin ich glücklich)
Du bist …
nur für meine tapferen Tage bestimmt,
Wir träumen und ertrinken in Gefühlen
die innere Ekstase ist … unerhört, erschreckend …
Wir wandern mit Worten … zart und sanft
in einem Nebel von Liebkosungen …
Es ist meine Liebe … die Du mir schenkst
Du kennst sie …
Berührungen ohne Hände
Küsse ohne Lippen
(ich bin zu stolz um mich zu geben)
Der Abend ist weich … wie Blütenblätter
Deine Leidenschaft …
ich verliere mich in ihr
und antworte
mit meinem ganzen Sein!

Gedankentanz

Zu Beginn meiner Geschichte
Voller Wunden der Vergangenheit
Liegt die Zeit … gebrochen

In dieser blinden Sehnsucht
Ist der Weg unendlich weit
Auf der Suche nach … Geborgenheit

Am Ende eines Traumes
Werde ich auf Dich warten
Die Gefühle sind ein … Gedankentanz

Deine Welt

Wahnsinn hängt in jeder Ecke
Bin auf der Suche nach einer
Längst verlorenen Zeit
Die Uhr tickt immer weiter …
Der Traum von Gestern
Wird er die Illusion von Heute?

Habe Dir Freigang erteilt
Aus dem Käfig meiner Gedanken
Wir sind nicht einmal dazu gekommen
Gemeinsame Erinnerungen zu erschaffen
Ich entlasse Dich … In Deine eigene Welt
Befreie dich aus den Fesseln …
Meiner alten Gedanken

Es gab keinen ersten Kuss
Dafür aber unzählige Abschiede
Dieser Frühling ist ein falscher Winter
Diese Wahrheit lauter Lügen
Ist mein Traum zu groß
Für Deine doch so kleine Welt?

Körperspiel

Ein Ansturm von Lust
bringt meine Seele zum Träumen
ich schwebe in paradiesischen Höhen
verzaubert von Deinem heißen Atem

Unser ästhetisches Körperspiel
treibt uns soweit
dass wir unser Denken ausschalten
Stumm vor Lust und mächtig hungrig

Ich verliere mich unendlich tief
in diesen Rausch der Zärtlichkeit
und höre Deine Lust
nach der Du wortlos rufst …

Atemlose pulsierende Leidenschaft
und das alles ohne Ton
verschmelzende Hälften die gleich fallen
verlieren sich in einem Netz aus Sinnlichkeiten

Unser Himmel öffnet sich …
die Realität dabei entschwinden lassend
Meine Dahlie mit vielen Blättern auch
irgendwie … nicht ganz aus dieser Welt

Ich genieße leise, bin schweißgebadet
jetzt ja … jetzt sofort
gib mir die Erlösung und Deine Nähe
Deine Harmonie … die Dissonanzen ausschließt

Regen-Krieg

Heute regnet es … blutige Tränen
von Schmerz fast ganz halbierte Worte
Lauter Lärm um mich herum
und bitterlicher Schmerz

Heute regnet es … schweigende Hoffnung
tief drinnen, blutend verletzend
meine Seele, sie stirbt – an Einsamkeit
im Augenblick der absoluten Leere

Heute regnet es … leere Gedankenfetzen
sie sind ganz leise, aber spitz und scharf
Dein Kuss stirbt auf meinen Lippen
gespannte Stille macht sich breit

Heute regnet es … neue Töne
halbdunkle Laute schlagen Funken
greifbar am Bewusstsein vorbei
Unaussprechlich weich und zart

Heute regnet es … andere Liebkosungen
ein starkes Spüren und Entdecken
hunderte Genüsse, neu erlebt
wilde Unschuld oder heiße Glut

34

Verlangen

Erstes Verlangen
Unkontrolliert und wild.
Mit geschlossenen Augen
Still und eng …

Sehnsuchtsvolle Wärme
Glühend heiß.
Geschmack nach Haut
Warm lebendig…

Noch unbekannte
Verführende Bewegungen…
Stück für Stück
Erspüren mich Lippen …

Lautlose Worte
Nehmen unseren Verstand.
Das Verlangen
Ruft um Hilfe …

Nur ein Abschied

Nur ganz kurz … einen Augenblick
Egal wie winzig klein
Er mag alles verstellen

Nur heute … eine Stunde
Egal wie schön oder auch stumm
Sie würde uns verändern

Nur morgen … ein Gedanke
Vergisst Du unsere Liebe
Oder vergisst unsere Liebe uns

Nur jetzt … die Tränen
Mich martern Gedanken
Ich fühle mich leer

Nur später … der Winter
Meine Seele sie friert
Weil ich gerade dein Zögern lese

Nur hier … in diesem Raum
Bleibt nichts mehr
Nicht einmal mehr meine Seele

Diebstahl der Gefühle …

Wir reisen in unsere Traumwelt
mit ein paar gestohlenen Stunden
mit einem fremden Koffer
und unseren heimlichen Gefühlen …

Wir gönnen uns einen Freiflug
über die Wolken dieser Welt
und entschwinden in unserer
anderen, neuen Dimension …

Bleibe mein lichtscheuer Traum
ertränke Dich in meinem Blut
das taumelnd nach oben steigt
sich der Versuchung ergibt …

Verführerisch spielen Deine Hände
zart bebend wächst die Lust
Haut an Atem und gleich zurück
in unsere uferlose Unendlichkeit …

Verschenke Dir meine Geheimnisse
Du lächelst und kommst näher
gebe Dir einen lang ersehnten Kuss
in dem Zeitraum unserer Ewigkeit …

Richtig oder falsch, hell oder dunkel
Deinen Abdruck auf meiner Haut
behalte ich für den nächsten Traum
in meiner verzweifelten Sehnsucht …

Dein Schatten

Dein Schatten … verfolgt mich überall
Egal wo ich mich verstecke
Zusammen mit den Träumen
Die gestern schon gestorben sind

Dein Schatten … Ich wollte ihn
Zwischen Schmerz und Seele
Nur für mich allein behalten
Er wäre mein Gedankenspiel

Dein Schatten … rennt zum Schicksal
Ertrinkt vor meinen eigenen Ufern
Auf Deiner unendlichen Reise
In dem Boot meiner Gedanken

Dein Schatten … ist in Vergessenheit
Hält niemals ein Versprechen
Wir waren zwar zusammen
Aber nie auf dem gleichen Weg

Stiller Vulkan

Das Schicksal war mir nicht immer Freund
lasziv bis herausfordernd ist meine jetzige Stimmung.
Wie ein Strom aus Sehnsucht
Wandern nun meine unbekümmerten Gedanken
Ungestüm und hemmungslos nach überall hin
Es gibt von Dir noch keinen strafenden Blick
Um nur Dich finden zu können und mein Verlangen zu stillen.

Ich versuche jedes Mal
Dein verstecktes Zeichen in meinem Leben zu finden
Ich habe dabei Deine Worte nie gefürchtet,
Sondern sehnsüchtig darauf gewartet.
Die ehemalige Einsamkeit ... hat mich verlassen
Mein Körper giert nach nur einer Sekunde
Nach Deinem starken Licht und Deiner Wärme

Die Lippen führen feuchte Gespräche,
Die Hände unterhalten sich ruhig,
Die Augen schweigen sich an.
Die Verzweiflung des Verlangens brennt
Solange bis der stille Vulkan ausbricht und
wir sind noch nicht besinnungslos
uns mit einer schmerzenden Sehnsucht
in die Knie zwingt.
Es ist ein unsäglicher Genuss
uns brennen zu lassen!

Alternativen

Das Gestern ... noch gedankenlos
Die Achterbahn der Seelen
Denkend Fühlen
ODER
Fühlend Denken

Unser Heute ... noch fremd
Das Seelenspiel der Gefühle
Verlangend Suchen
ODER
Suchend Verlangen

Unser Morgen ... noch spannend
Die fesselnde Sinnlichkeit
Wortlos Erlebend
ODER
Erleben ohne Worte

Das Übermorgen ... noch unbekannt
Die harte Realität
Ein Küssender Engel
ODER
Traumspuren von Gestern

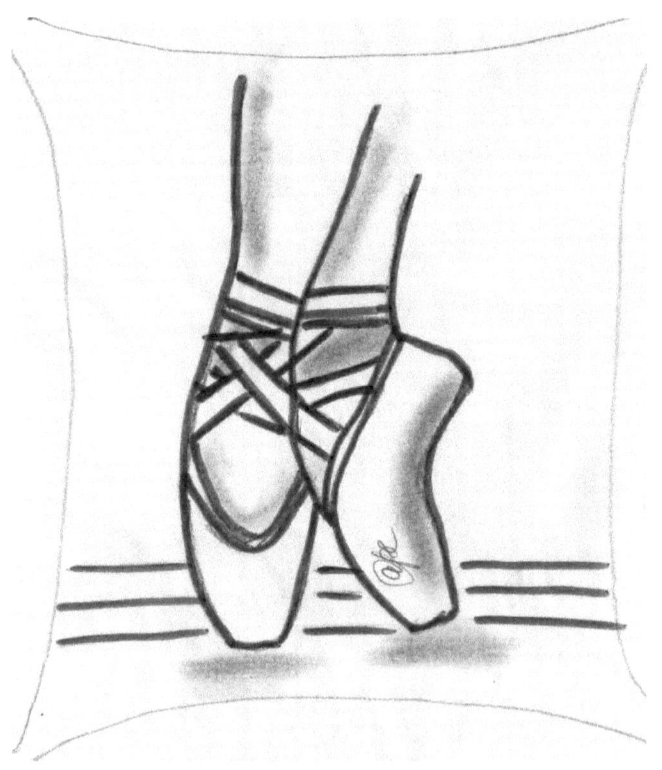

Ohne Stillstand …

Wollte gerade noch meine Worte
auf Deiner Haut perlen lassen
tröstend streichelnd …
Dein Herz beginnt zu hasten
die Sinne liegen endlich still
in meinen … Ketten

Atemlos und Ahnungslos
ausgeliefert meiner Begierde
gnadenlos verloren, gedankenlos
grenzenlos übermächtig
aufgewühlt, verführt
Sind das genug der Worte?

Können meine Zeilen Dich berühren
Dich in Flammen bringen
Neu erwecken und Gefühle entfachen
zwischendrin Dich fallen lassen
Rauf und Runter
OHNE STILLSTAND …

48

Du fehlst mir

Mich zieht es in die Tiefe
Mein Herz schlägt aus Deinem Takt
Du fehlst mir …
In jeder einzelnen Zeile
Du fehlst mir …
In jedem geheimen Atemzug

Ich werde Brücken brechen
Dir aber in allen Gedanken folgen
Du fehlst mir …
In jedem erzählten Wort
Du fehlst mir …
In jeder gelebten Geschichte

Meine Sehnsucht wird laut
Kein Sonnenstrahl trifft mein Herz
Du fehlst mir …
Am Ende unserer Kreuzung
Du fehlst mir …
Sogar wenn ich verschwinden will

Letzte Nacht ...

Im Grauschleier der fast dunklen Stunde
wenn der Tag die Augen schließt
war ich Deiner Gnade angewiesen
um mich frei zu träumen ...

Der Körper meiner Seele
ist eingezwängt von schmerzhafter Gier
mein Lustgeschrei ist still und laut zugleich
und hypnotisiert unsere Ekstase ...

Es tröpfelt im Liebestempel
welch Wahnsinn, das Blut es kocht
trinke sie leer, meine Gefühle
mehr, mehr atmen, mehr schlürfen ...

Lass mich voll von Dir
und leer von mir erwachen
Mit dem Wunsch uns erneut
brennend und zitternd wieder zu finden ...

Hoffnung

Die Sterne verlassen das Himmelszelt
Meine Hoffnung … sie verblasst
Mit jeder vergehenden Minute
Was ist mit der Liebe in mir
Ist sie kaputt – in tausend Scherben

Wenn Deine Sanftheit mich berührt
Sie ist wie der Wind … kann sie nicht sehen
In meinem Herzen ist noch Platz
Für eine Zuflucht in meiner Seele
Genug für Sekunden - zu zweit

Gefangen in Deinen Augen
Mein Verlangen … ruft nach Licht
Als könnten Worte Herzen heilen
Das Blut beginnt zu rauschen
Ich vermisse Dein Verstehen - ohne Worte

54

Letzter Dezemberabend

Tanzend senkt sich die Himmelswelt
in der Symphonie des Universums
das Laute wird wieder ruhig
im stillen Klang des Sternenlichtes

In ewigen Unendlichkeiten
bewirbt sich jedes Jahr um neue Gunst
Die Sonne rollt sanft zum Horizont
nimmt leise den letzten Tag noch mit

Habe ganz sehnsuchtsvoll gehofft
dass Du den Sinn meiner Gedanken
ein Wort oder auch nur einen Ton
im Nebel unserer Zeit verstehst

Ich träume mich dahin ohne zu klagen
nehme Deine Worte aus dem Dunklen auf
nur um Zeit und Raum zu füllen
noch ist keine Erfüllung doch Begehren

Die Nacht der Macht geht bald zu Ende
neue Lichter öffnen nun sich langsam
unsere Stille wird nun doch wieder laut
das neue Jahr bricht endlich an

Lesezeichen

Ein Gedankenstrudel gegen den Uhrzeigersinn
Mein Leben … ist wie ein Buch
Mit wachsamen Augen verfolge ich jede Seite
Manche verbleiben … nur für eine Zeile
Dann Andere für ein Kapitel
Du aber … vielleicht für die ganze Geschichte

Habe Dich … ohne zu Suchen … gefunden
Verlockend süß waren Deine ersten Worte
Habe Dich … als Trost der Stunde oder
Als Künstler des Augenblickes betrachtet
Und wie in einem Spiegellabyrinth
Wollte ich Opfer Deiner Blicke bleiben

Ich wollte viel mehr … Dich innig fühlen
Dir all meine Träume schenken
Und als Strafe … um Dich nicht gleich
Wieder zu finden habe ich Dich
Mit Lesezeichen auf der Seite
29092023 versteckt

Im Schatten ...

Die Worte bleiben verschlossen
Die Tränen immer noch salzig
Gedanklich küsse ich nicht Dich
Sondern das Echo Deiner Erinnerung

Das Gefühl entwaffnet mein Herz
Verbanne die Traurigkeit in den Wind
Höre das Flüstern Deiner Seele
Deinen Atem in meinem Nacken

Die Einsamkeit ist sehr müde heute
Mein Denken ist erschöpft
Mag nur Dein Herzklopfen spüren
Wenn Dein sanftes Licht mich erfasst

Lautlos sanft legt sie sich hin
Weich wie Schmetterlingsflügel
Ich liege im Schatten Deiner Gier
Und träume mit offenen Augen ...

Die Erwartungen sind fast alle weg
Hand in Hand mit der Enttäuschung
Gehen sie nun andere Wege
Im Schatten einer fremden Welt ...

Seelentanz

Vergangenes verfliegt gespenstisch
Jetzt – ist morgen zu spät
Neues kämpft … um Bleiberecht

Verloren will wieder
Seele – flüchtig berühren
Herz und Traum … zum Verbergen

Vergessenes vergilbt
In den Wellen – der Erinnerung
Illusionen … zum Leben

Seelenstrom der Gefühle
Treiben – meine Tränen
Verborgen … im kalten Schatten

Gefangen in eigener Gedankenwelt
Trugbilder nur – zum Hoffen
Verschlingende Leere … zum Verstecken

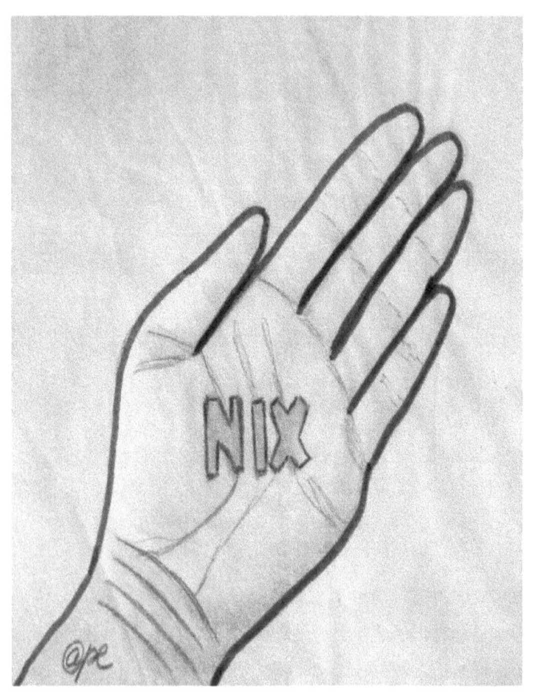

NIX
@pe

Sonderaktion

Lausche einfach meinen Gedanken
habe ein einmaliges Angebot:
Sonderaktion Sommer
Gefühle sind die neue Währung …

Verschenke einen Kuss. für einen gleichen zurück
Verkaufe einen Traum … für die harte Realität
die wir beide noch nicht kennen
Wer bietet mehr?

Mühsam sammle ich meine Gedanken
Traum für Traum füge ich zusammen
Sie sind alle für Dich bereit … auf einem Tablett

Verkaufspreis ist die Liebe …
Mache Dein Herz auf … und lass mich eintreten
Schweigend aber voller Liebe … will alles haben
und das am besten für immer und zwar kostenlos

Dich finden … Dich fühlen … Dich atmen
Die Welt geht ohne Dich nicht weiter
Der alte Weg ist wieder neu …

Das Feuerwerk meiner Gefühle
Bleibt voller Lust und frei von Last
Neue Liebe kostet neue Kraft
Blindes Vertrauen ist kostenlos
die Sehnsucht auch …
Bin pleite und bereue nichts …

Monolog...

Wortlos...
Am Rande dieser Zeit
Geheim ...
In Mitten meiner Träume
Verstecke ...
Mich im Himmel
Meiner eigenen Seele

Sprachlos ...
Vor dem Spiegel meiner Selbst
Dunkel ...
Mein trauriges Lächeln
Verborgen ...
Fließen die Gedanken
Meiner heimlichen Wünsche

Schweigend ...
Zu Beginn der Sehnsucht
Schmerzend ...
Das Gefühl der Hoffnung
Öffnet ...
Meine Liebe für Dich
Der Klang meiner Intimität

0:00

Stunde null

Ich küsse diesen einen Augenblick
In dem Du dich
In meiner Sinnlichkeit … verlierst

Dein Gaumen schmeckt die Kostbarkeit
Meiner salzigen Haut
Das Geheimnis … meiner Sinne

Ich nehme Dich mit in meinem Spiel
Auf den endlosen Wellen
Meiner berauschenden … Träume

Heftiger Atem macht uns sprachlos
Die Perlen deines Verlangens
Sind ein dunkler Hauch … Verführung

Ich will Deine Hoffnung
In meinen Gedanken stillen
Sekunden zählend … auf uns wartend

BIS hin … zur Stunde NULL

espress.
rit.
p   mf
f

Symphonie ...

Der Klang unserer Gefühle
Ist die Musik unserer Seele
Der Zauber unserer Worte
Ist die Symphonie der Herzen

Ein kleines Orchester
Piano, Geige und Trommel
spielt unser Lied
Denken, Träumen und Fühlen

Vielleicht sollte ich
Keinen Herzschlag mehr hören
Kein Zittern mehr fühlen
Um Deine Gefühle zu erfassen

Von A-Moll bis C-Dur
Ist fast alles dabei
Und schnell wird ein "vielleicht"
Zu einem "bis morgen"

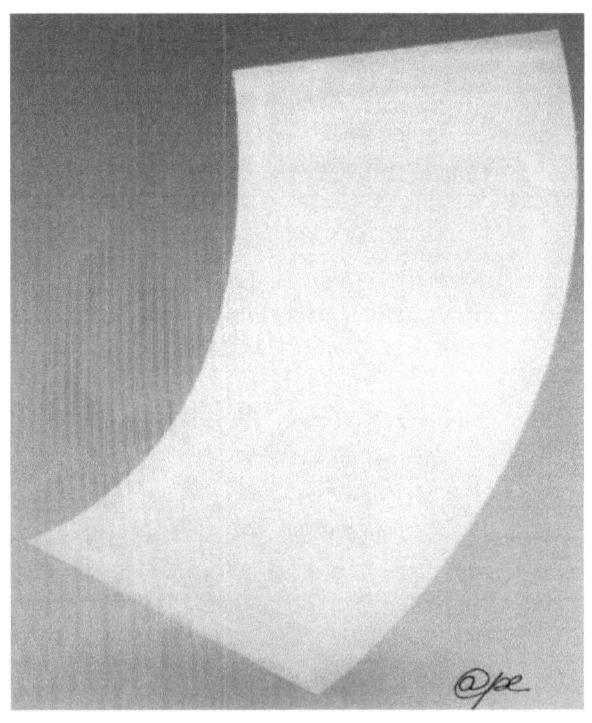

Leer ...

Das Heute ist zu still
Morgen wird es dunkel
Viele Tränen rollen
Gedanken sich verbrennen
Stille strandet an ...

Stumme Stunden rollen
Regenbogen wird schwarz
Augenblicke tropfen leise
Glück ist verbannt
Mag nimmer denken ...

Türen bleiben verschlossen
Müdigkeit im Geist
Verlangen verabschiedet sich
Abenteuerlust davongezogen
Im Auge ein Nichts ...

Gibt es - die eine Liebe
Die diesen Kummer fernhält
Keine Hoffnung, keine Aussicht
Tiefe Messerstiche wühlen
zerkleinern meine Seele ...

Würde dieser Welt entfliehen
Mich in Ewigkeit verlieren
Nur noch Leere ist geblieben
Enttäuschung schleicht
Mit winzigen Schritten dahinter ...

Der Abgrund meiner Seele
Flüchtet sich auf fremde Dächer
Realität lässt Fetzen übrig
Trostlos und zerrissen
Tag ein, Tag aus ...

Zeitmessung

Erdrückende Stille
Sekunden besiegen Minuten
Meine Perspektive - der Horizont
Öffnet sich für Neues…

Euphorische Schmerzen
Erdrücken meine Hoffnung
Minuten besiegen Stunden
Stärken meine Melancholie…

Hier und jetzt
Fallen die Mauern um mein Herz
Stunden besiegen Tage
Im unbegrenzten Puls des Lebens

Unsinnige Wortspiele
Besiegen die Kraft der Stille
Sanfte Ausläufer - meiner Träume
Beflügeln meine Gedanken…

In diesem Leben ...

In diesem Leben
versuchte ich ... für andere
Lachend zu weinen
und weinend zu lachen.

In diesem Leben
versuchte ich ... fast immer
mit der Kraft meiner Augen
schweigend zu reden.

In diesem Leben
versuchte ich ... zu lernen
Hoffnungslos zu lieben
und fliegend zu laufen.

Was mache ich im nächsten ...

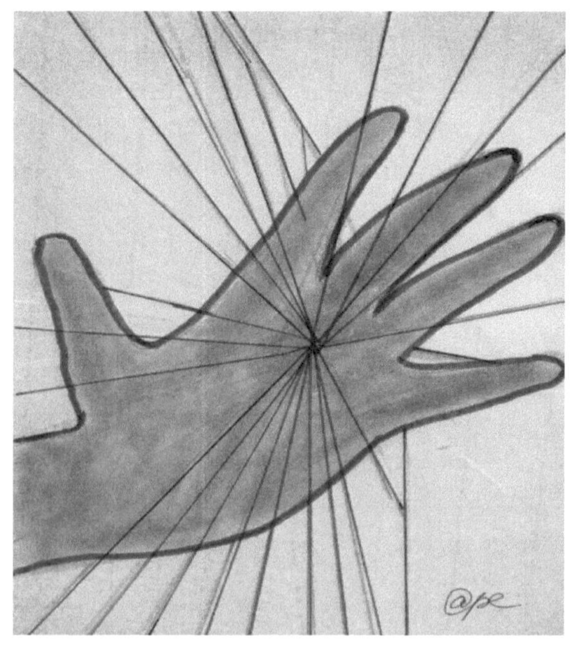

Erlösung

Die Sterne verlassen das Himmelszelt.
Meine Hoffnung verblasst
Mit jeder vergehenden Minute…
Was ist mit der Liebe in mir -
Ist sie kaputt … in tausend Scherben?

Wenn deine Sanftheit mich berührt -
Sie ist wie der Wind - kann ich nicht sehen.
In meinem Herzen ist noch Platz
Für eine Zuflucht in meiner Seele -
Genug für Sekunden zu zweit.

Gefangen in Deinen Augen -
Mein Verlangen ruft nach Licht!
Als könnten Worte Herzen heilen…
Die Sehnsucht mit unzähligen Gedanken,
All meine Träume bitten um Erlösung…

ZEITLOS

Ich laufe gegen meine Zeit
Will noch wirklich alles
Für mich Abholen ...

Dein verlegenes Lächeln
Deinen kleinen Zettel
Dein Abschiedskuss - danach
All diese lieben Gedanken
Die durchs Leben streichen

Ich laufe mit meiner Zeit
Um auch ja nichts zu
Verlieren ...

Mein Versprechen von Gestern
Meine Sehnsucht von Heute
Die stille Angst - der Nacht
Die Träume von Ewig
Die Sorgen von Morgen

Ich laufe gegen meine Zeit
Zwischen Bangen und Hoffen
Wie ein verletzter Schatten.

Engel

Kreisende Gedanken

Miteinander Verflochten

Alles … will ich

Rastlos neues Fühlen

Glühend heiß

Sehnsuchtsvolle Wärme

Der Atem …

Schreit vor Lust

Mit Sinnlichkeit

Wird er leiser

Dein Sturm ist …

Der Engel meiner Seele

Wahnsinn

Wahnsinn hängt in jeder Ecke
Bin auf der Suche nach einer
Längst verlorenen Zeit
Die Uhr tickt immer weiter …

Der Traum von Gestern
Wird er die Illusion von Heute?
Habe Dir Freigang erteilt
Aus dem Käfig meiner Gedanken

Wir sind nicht einmal dazu gekommen
Gemeinsame Erinnerungen zu erschaffen
Ich entlasse Dich … In Deine eigene Welt
Befreie dich aus den Fesseln meiner Liebe

Es gab keinen ersten Kuss
Dafür aber unzählige Abschiede
Dieser Frühling ist ein falscher Winter
Diese Wahrheit lauter Lügen

Ist mein Traum zu groß
Für Deine doch so kleine Welt?

Neue Liebeserklärung

Ich würde mich im Schatten
Deiner Gedanken verstecken
Ich würde mich in dem Nebel
Deiner Träume verirren
Ich würde mich an dem Feuer
Deines Herzens verbrennen
Ich würde in der Tiefe
Deines Blickes ertrinken
Ich würde mich in der Poesie
Meiner eigenen Worte verlieren
Ich würde mich von dem Schleier
Deiner Gefühle bedecken lassen
Ich würde mich in Deine Arme
Einfach fallen lassen
Ich würde mich von dem Duft
Deiner Liebe betören lassen
Ich würde das Salz
Deiner Tränen schmecken wollen

Habe ich noch etwas vergessen
Um Dich richtig lieben zu können?

Wann ...

Wann fängt die Zukunft an?
Erst jetzt oder schon gestern
in den ersten Gedanken
eines meiner neuen Träume?

Wann fängt der Kampf an?
In dem Augenblick des Lebens
in dem ich mir selbst begegne
und alles unausgesprochen bleibt?

Wann fängt die Sehnsucht an?
Schon gestern oder erst jetzt
in der Ausweglosigkeit der Liebe
woran die Vergangenheit zerbricht?

Chaos!!!

Dunkle Nacht und helle Sterne
Ich habe das Gefühl
unerträglicher Angst …
(ich bin nicht an Erfüllungen gewöhnt)
Bin heute … Die Nacht
mit beschützenden Flügeln!
Bin heute … die Nacht
die Schmerzen lindert!

Zu viel … zu viel
für einen Menschen
es bringt mich um … ich sterbe!
Meine Hilfslosigkeit
die Realität zu leben …
macht mir Angst,
Mein inneres Wesen
kann ich … nicht ändern

Zum Teufel mit dem Schmerz …
und ja auch mit der Freude
Nur wohin damit?
Ich gehe zurück in … meine Welt
Verborgen und versteckt
Mein Chaos ist mein Geheimnis
Ob ich das will oder nicht
Und damit muss ich leben …

Was schreibt das Leben?

Eine Wahrheit … die nicht schmeckt
oder die Eine die ich gehen lasse
Eine Geschichte … für die Zukunft
wo geht es hin und für wie lange

Die Asche … meiner Gedanken
die von gestern und von heute
Der Wind … darf sie haben
im Sturm der schmerzenden Wut

Ich sollte heute … etwas kaufen
ein paar Augenblicke … noch neu
etwas bunte Farbe … noch frisch
und mir das Leben neu bemalen

Eine Geschichte für die Anderen
aus dem Tagebuch meines Lebens
wer wird sie wohl verstehen …
meine leeren und wortlosen Bilder

Hundertjähriger Kalender
1
2
3
Januarius
hat 31 Tage
Julius
hat 31 Tage
17
18
4
5
Februarius
hat 28 Tage
Augustus
hat 31 Tage
19
20
6
7
Martius
hat 31 Tage
September
hat 30 Tage
21
22
8
9
Aprilis
hat 30 Tage
October
hat 31 Tage
23
24
10
11
Maius
hat 31 Tage
November
hat 30 Tage
25
26
12
13
Junius
hat 30 Tage
December
hat 31 Tage
27
28
14
15
16
29
30
31
@pe

10 Jahre danach …

Mit dem Gesicht zu Dir
Würde ich Deinem stillen Schweigen
Lauschen

Die Gedanken sind laut
Würde ich in Deiner Seele
Wohnen

Die Unendlichkeit meiner Liebe
Würde Dich heute immer noch
Finden

In diesem Gedankenspiel
Würde ich richtig denkend
Träumen

Die Ewigkeit weint
Würde ich nur diesen Augenblick
Bleiben

WO?

Gezeiten gleich …
kommen und gehen meine Gedanken
Wo kommst Du her?
Wo soll ich hin … um Dich zu finden?
Links an der Unmöglichkeit vorbei
ist bestimmt das Geheimnis
Deines Weges …

Wo gehst Du hin
wenn Du von mir träumst?
Nach jeder Gedankenflut bleiben
meine zerstörten Brücken zurück …
und trotz allem
dreht sich die Welt immer schneller

Mein ganzes Ich
ist in Deinem Blut ertrunken
ich bleibe erschöpft im Netz
unserer Leidenschaften …
Übe mich in Kompromissen
das Spiel der Sehnsucht
hat die Leidenschaft … als Partner

In diesem Labyrinth der Zeit
in dem der Himmel höher ist
die Zeit … wird warten lernen
nein … sie muss warten lernen
auf Dich und Deinen …
oder vielleicht … unseren Weg?

Wünsche ...

Bleibe hier - verweile
In meinem Augenblick
Entführe erneut meine Gedanken
Durch Leidenschaft und Lust

Deine Hände - fahren Achterbahn
Auf meiner nackten Haut
Entreiße mir meine Kontrolle
Ich werde Dich gewinnen lassen

Streiche behutsam - meine Saiten
Rufe meine Melancholie
Und das wilde Verlangen
Die Dunkelheit suchend

Bringe mir - den süßen Schmerz
Wenn unsere Funken lodern
Brich meinen Widerstand
An den hoch sträubenden Härchen

Küsse mich - zaghaft bettelnd
und zugleich fordernd
Der Kuss zieht uns fest
Bis die Sehnsucht sich findet

LOVE

Alles geben

Lautlose Schatten
Durchstreifen die Seele
Am Tore der Gefühle
Treffen Hoffnung auf Traum

Flehende Augen…
Mit farblosen Tränen
Unausgesprochene Gedanken
Liegen dazwischen

Die Zeit …
Hält den Atem an
Absolute Stille
Miteinander verschmelzen

Sich selbst befreien
Hemmungslos verlieren
Nichts schenken
Nur – alles geben

Revolution der Buchstaben

Maestro der Doppeldeutung
Trifft eine Wortakrobatin
Der Kampf der Buchstaben
Darf beginnen …
Und keiner gibt nach

Die Nacht hat die Macht
Das Leben möchte Lieben
Die Sinne nur keine Sonne
Ich will Mond, Du Mund
Meines ist auch Deines
Halten auch mit Falten
Herz klebt wie Harz …

Das Fühlen kriegt Fohlen
Die Haut zahlt die Maut
Ist Lust schon eine Last?
Worte lassen Warten …
Wer hat gewonnen?

102

Liebeserklärung ... ohne alles

Der Geist der Dunkelheit ... ohne Anfang
Verdeckt meine heimliche Leidenschaft
Gibt meinem Dasein Schutz ...

Das Lichte Sternenzelt bedeckt ... ohne Schatten
Die unendliche Ruhe in unserem Chaos
Zeige mir bitte wie Deine Seele wohnt ...

Die Luft die ich atme ... ohne Kraft
Schmeckt heute salzig und nach Dir
Ich lebte Dich in meinem letzten Traum ...

Will Dich behalten können ... ohne Chance
Will mich im Irrgarten Deiner Emotionen verlieren
Bis der Verstand endlich sprachlos wird ...

Der Geist der Dunkelheit ... ohne Ende
Verdeckt auch Deine kleinen Schritte
Auf dem Weg unserer gemeinsamen Hoffnung ...

Ohne Anfang ohne Ende ohne Alles
Schattenlos kraftlos chancenlos sinnlos
Noch gibt es nicht das eine Wort ...

Für die Quintessenz meiner Gefühle
Die meine Liebe
Für Dich beschreiben kann ...

Nimm mich mit ...

Nimm mich mit ... in Deinen Traum
Küsse mir ... einhundertmal ...
Stück für Stück ... den ganzen Körper
Flüstere mir ... ins rechte Ohr
Deine heiße Leidenschaft ...
Deine Gelüste die bisher niemand hören durfte!

Nimm mich mit ... in Deinen Gedanken
Berühre mich ... und meine Hingabe
Auf die Du eigentlich ... schon lange wartest
Lass sie ... zur Leidenschaft werden
Bis die Haut ... zu brennen anfängt
Und diese Feuer ... meine Lust entzündet!

Nimm mich mit ... in Deinen Herzen
Öffne dafür ... eine längst vergessene Pforte
Lass mich rein ... und nicht mehr raus
Ich werde dabei ... am Meer unserer Küsse
Ertrinken und nur noch wilder werden ...
Ich bin Dein Tier ... das Du nun zähmen wirst!

Nimm mich mit ... in Deiner Seele
Ich werde dabei, vor Zärtlichkeit an Dir erliegen
Dich mit meiner ... Sinnlichkeit berauschen
Und vielleicht ... ganz tief darin versinken
Um Deinen Herzschlag ... still zu hören
Und wenn es geht ... will ich ...

nie wieder gehen!!!

Leises Weinen

Der Tag geht schlafen
Bin auch müde…
Meine heimlichen Gedanken
Sie sollten schweigen …

Wohin mit mir …
In welcher Welt
Darf ich träumen
Mich fallen lassen …

Mir fehlen Küsse
Hände auf meiner Haut …
Eine einfache Umarmung
Das Toben meiner Gefühle …

Ich brenne weiter…
Wach und hungrig
Ist meine Sehnsucht
Und mein Verlangen …

Die Seele sucht …
Wellen der Traurigkeit
Schlagen wild umher
Chaotisch, durcheinander, laut …

Regenbogen ...

Bin dabei die Grenzen zwischen uns zu überwinden
bis meine Liebe und meine Sehnsucht - Dich beruhigen
es steht in den Sternen geschrieben
Ob Dich Deine Schritte in meine Welt tragen werden?

Bin dabei Deine eigenen Gesetze zu verändern
bis das bisher Verschwiegene.- das Unerfüllte
den Tag zur Nacht werden lassen
Ob Deine Gedanken nur eine Kontur meiner Träume bleiben?

Bin gerade am Anfang unseres Regenbogens ...
wo soll ich Dich suchen?
die Melodie meines Gefühls läutet leise
Ob ich nur eine stille Begleiterin bleibe?

Bin dort wo die Traumfetzen zu schmelzen beginnen
bis unsere Spannung zu einer Entladung wird
nur für die Emotion eines Augenblickes
Ob das Spiel meiner Sehnsucht Dich erreicht?

Bin immer noch am Anfang unseres Regenbogens
Meine Küsse bedecken Dich
Bis Dein Körper ohne schlechtes Gewissen
lichterloh brennt

Nichts wird mich je davon abhalten
hier für immer auf Dich zu warten

Andere Welten

Meine Nachdenklichkeit ist in einer anderen Welt
Kommt sie endlich mal, die Zeit die wir nie hatten
Gibt es Gefühle nur für Dich und für die Ewigkeit
oder Fehler gleich für Immer …

Meine Sinne tanzen in einer fremden Welt
rauben mir ohne Erbarmen den Geschmack nach Dir
Liebe ich Dich oder nur Dein Bild in mir?
Wer misst das Unglück und wer die Freude …

Du wirst geliebt um dich selbst lieben zu können,
So sagtest Du mal in unserem langen Dialog
Dein Wort, so belanglos leicht gesprochen
entfernt alle Grenzen in der Tiefe meiner Selbst …

Führe mich … jedoch ohne mich zu verlieren
Lass uns von einer sinnlosen Nähe träumen
Erlerne die unglaubliche Stille meiner Gefühle
um uns auf dem Weg unserer Ektase zu begleiten …

Deine Schwingungen tragen mich fort
rauben mir den Schlaf und den Verstand
Im Traum sind wir immer auf langen Reisen,
dort wo nur die Märchen leben, in einer fernen Welt …

Schenke mir bitte …

Das Leben rollt ohne Fahrplan
Von einer Station zur Nächsten
Schenke mir bitte
Die Melodie Deiner Sehnsucht
Die Musik Deiner Gefühle

Meine Worte grabe ich wieder aus
Von einem Gefühl zum anderen
Schenke mir bitte
Den Blues Deines Blutes
Den Walzer Deiner Sinnlichkeit

Ich bin ohne Zweifel bewegt
Von der Reise Deiner Hände
Schenke mir bitte
Die Schritte Deiner Liebe
Das Klopfen Deines Herzens

Dein Traum landet ohne Ziel
Von Dir zu mir und zum nächsten
Schenke mir bitte
Den Durst Deiner Gier
Die Unendlichkeit Deiner Wärme

Die letzte Seite

Die letzte Seite … Deine letzten Worte
Lese sie zum tausendsten Mal
Trinke dabei meine eigenen Tränen
Mit Herz zu Herz und Liebe zu Liebe
So wollten wir es - nie beenden …

Die letzte Seite … Meine letzten Wünsche
Wer hat sie in Eile gelöscht
Mit dem Schlüssel meines Herzens
Links in Deiner Hosentasche
So bist du erneut - wieder gegangen …

Die letzte Seite … Unsere letzten Träume
Da wo sich die Gefühle treffen wollten
In dieser Welt, in einem eigenen Universum
Wir würden genau so weiter küssen
Bis wir kraftlos in süßer Ergebung – sterben …